www.ingramcontent.com/pod-product-compliance
Lightning Source LLC
LaVergne TN
LVHW010424070526
838199LV00064B/5425
9789358729573

اسلامی ادب کی ترویج میں اقبال کا کردار

ڈاکٹر تحسین فراقی

© Dr. Tahseen Firaqi

Islami Adab ki tarvij mein Iqbal ka kirdaar

by: Dr. Tahseen Firaqi

Edition: February '2024

Publisher :

Taemeer Publications LLC (Michigan, USA / Hyderabad, India)

ISBN 978-93-5872-957-3

مصنف یا ناشر کی پیشگی اجازت کے بغیر اس کتاب کا کوئی بھی حصہ کسی بھی شکل میں بشمول ویب سائٹ پر اَپ لوڈنگ کے لیے استعمال نہ کیا جائے۔ نیز اس کتاب پر کسی بھی قسم کے تنازع کو نمٹانے کا اختیار صرف حیدرآباد (تلنگانہ) کی عدلیہ کو ہوگا۔

© ڈاکٹر تحسین فراقی

کتاب	:	**اسلامی ادب کی ترویج میں اقبال کا کردار**
مصنف	:	**ڈاکٹر تحسین فراقی**
پروف ریڈنگ / تدوین	:	اعجاز عبید
صنف	:	تحقیق و تنقید
ناشر	:	تعمیر پبلی کیشنز (حیدرآباد، انڈیا)
سالِ اشاعت	:	۲۰۲۴ء
صفحات	:	۲۶
سرورق ڈیزائن	:	تعمیر ویب ڈیزائن

ایک ایسے وقت جب مغربی ذرائع ابلاغ کے شبانہ روز زہرناک شور و غوغا سے بننے والی ہوش ربا فضا میں (۱) اسلام اور اہل اسلام کی حیثیت ایک دہشت گرد مذہب اور غیر شائستہ قوم کی بنائی جا رہی ہو-------- اسلامی ادب کی بات کرنا شاید بے وقت کی راگنی قرار پائے لیکن اہل مغرب کے ایک مخصوص طبقے کی اس جانبدارانہ، یک رخی اور شدید متعصبانہ روش سے قطع نظر یہ ایک زندہ اور روشن حقیقت ہے کہ اسلام اور اہل اسلام پوری نوع انسانی کے محسن رہے ہیں اور آج بھی اسلام اپنی اصلی شکل میں انسانیت کے لیے اتنا ہی فیض رسان ثابت ہو سکتا ہے جتنا ماضی میں تھا۔ جس طرح اسلام ایک زندہ و پائندہ حقیقت ہے اسی طرح اسلامی ادب بھی ایک روشن حقیقت اور ارفع صداقت ہے جس کا انکار صرف شپرہ چشم ہی کر سکتے ہیں۔

گر نبیند بروز شپرہ چشم

چشمۂ آفتاب راچہ گناہ؟

اقبال بھی اسلام کے اسی چشمہ آفتاب کے نور سرمدی سے فیض اندوز رہے اور عمر اس کی آفاقی صداقتوں کو بے نقاب کرتے رہے۔

لیکن یہاں ایک سوال پیدا ہوتا ہے کیا ادب کی آزاد حیثیت کسی یہودی، عیسوی یا اسلامی سابقے کی متحمل ہو سکتی ہے اور کیا ایسا کرنا ادب کی لامحدود وسعتوں کو زنجیر کرنے کے مترادف نہ ہو گا۔ یہ سوال اٹھایا گیا ہے ماضی میں بھی بار بار اٹھایا جاتا رہا ہے اور اہل

نظر اس کا جواب فراہم کرتے رہے ہیں۔ مختصر یہ ہے کہ دنیا بھر کا بڑا ادب دائمی و آفاقی مذہبی صداقتوں کا حامل رہا ہے۔ اور یہ صداقتیں رنگ و نسل و زبان و مکان کی حدود سے ماورا رہی ہیں۔ ڈیویڈ ڈیشنز نے جو یہودی مذہب کا پیرو تھا اپنے ایک مضمون شاعری اور اعتقاد میں اس موضوع پر بڑی عمدہ بحث کی ہے۔

یہ بحث اصلاً اس کی پوری کتاب "God and poets" کے تار و پود میں رچی بسی ہے۔ ڈیشنز سوال اٹھاتا ہے کہ تخیلاتی ادب اور شاعری میں آخر وہ کونسی شے ہے جو قاری کو اس کے ذاتی معتقدات سے آزاد کر کے اسے اس قابل بناتی ہے کہ وہ شاعر کی دنیا میں صرف رواداری ہی سے نہیں مثبت مسرت کے احساس کے ساتھ داخل ہو جاتا ہے۔ اس کے نزدیک اس سوال کا اطلاق ان عیسائیوں پر بھی اسی قدر ہوتا ہے جو ہومر، سوفوکلیز اور ورجل کی تحسین کرتے ہیں جتنا ان غیر عیسائیوں پر جو دانتے یا ڈن کی تعریف کرتے ہیں۔ پھر اس سوال کا جواب دیتے ہوئے ڈیشنز کہتا ہے کہ بڑے ادب میں یقین و اعتقاد کی حیثیت ایک قسم کی زبان کی ہوتی ہے اور زبان ذریعہ ہے ابلاغ کا۔ حساس قاری کی ایک نشانی زبان کے معاملے میں اس کی وسیع القلبی ہے اور یہ وسیع القلبی اس کی اس آمادگی کو منحصر ہوتی ہے جو معتقدات کے کسی بھی نظام کو اس صورت میں مان لینے پر تیار ہوتی ہے جب وہ نظام کسی ماہر اور بڑے متخیلہ کے حامل شاعر کے ہاتھوں شعر کا روپ دھارتا ہے۔ بڑی شاعری معتقدات کو زبان میں اس طرح جذب کر لیتی ہے کہ زبان ابلاغ کی اس سطح پر پہنچ جاتی ہے جو ان معتقدات کی حدود سے ماورا ہوتا ہے۔

ایک شے جس کو ڈیشنز نے اپنے مذکورہ مبحث میں نظر انداز کیا ہے وہ الہامی مذاہب کی ماورائی وحدت ہے جس کے باعث ایک یہودی، عیسائی عقائد سے انجذاب پذیر شاعری سے لطف اندوز ہوتا ہے اور ایک یہودی، عیسائی یا مسلم عناصر شاعری سے مسرت کشید

کرتا ہے۔

اس مختصر مبحث سے مقصود یہ تھا کہ مذہبی معتقدات کی حامل شاعری قاری کے لئے زنجیر پا نہیں ہوتی ہے بشرطیکہ یہ معتقدات شاعری تار و پود میں اس طرح حل ہو جائیں کہ "بو گلاب اندر" کی صورت دلپذیر پیدا ہو جائے۔

اقبال نے ادب اور شاعری کے بارے میں اپنے تصورات کو تفصیل سے اپنی شعری تصانیف میں بیان کیا ہے۔ ان ساری تفاصیل کو سمیٹنا تحصیل حاصل ہے۔ کیونکہ اقبال کے تصورات شعر و ادب پر متعدد مقالات و مضامین لکھے جا چکے ہیں۔ تاہم ان تصورات کا اجمالی ذکر بے محل نہ ہو گا۔ اس ضمن میں اسرار خودی، زبور عجم میں شامل بندگی نامہ اور ضرب کلیم خصوصیت سے لایق توجہ ہیں۔ اسرار میں اقبال نے علم و فن کو حیات کے خادم اور خانہ زاد قرار دیا ہے۔ "در حقیقت شعر و اصلاح ادبیات اسلامیہ" میں انہوں نے بڑی تفصیل اور دلسوزی سے اعلی فضائل کو شعر و ادب کا لازمہ اور جزو اعظم قرار دیا ہے۔ ان کے نزدیک شاعر کا سینہ حسن کا تجلی زار ہے۔ اس کے دم سے بلبل نوا آموز ہوتا ہے اور پھول کا رخسار اس کے غازے سے روشن ہوتا ہے۔ پھر اس قوم کا ماتم کرتے ہیں جس کا شاعر ذوق حیات سے منہ موڑ لیتا ہے۔ اس کا آئینہ بدصورت کو خوبصورت دکھاتا ہے۔ اس کا بوسہ پھول کی تازگی اور بلبل کے ذوق پرواز کو غارت کر دیتا ہے۔ وہ سور سے رعنائی اور جرہ شاہین سے توانائی چھین لیتا ہے۔ وہ یونانی اساطیر کی بنات البحر کی طرح جہازوں کی غرقابی کا باعث بنتا ہے۔ اس کے نزدیک خواب، بیداری سے بہتر ہے۔ اقبال فرماتے ہیں کہ ایسے شاعر کے سایے بھی بچنا چاہیے:

از خم مینا و جامش الحذر
از می آیینہ فامش الحذر

کیونکہ اس کے نغمات دلوں کی حرارت کو سلب کرنے والے ہیں اور اس کے نتیجے میں تن آسانی اور ضعف اس قدر حاوی ہو جاتا ہے کہ ایسی شاعری کے متاثرین کو رگ گل سے باندھا اور نسیم سحر سے خستہ و خراب کیا جا سکتا ہے۔ آخر میں شعر و سخن کی صلاحیت کے حامل لوگوں کو تلقین کرتے ہیں کہ ان کا ادب فکر صالح سے فیض یاب ہونا چاہیے:

ای میان کیسہ ات نقد سخن
بر عیار زندگی اورابزن
فکر روشن بین عمل رارہبر است
چوں درخش برق پیش از تندر است
فکر صالح در ادب می بایدت
رجعتی سوی عرب می بایدت
مثل بلبل ذوق شیون تا کجا
در چمن زاران نشیمن تا کجا؟
ای ہما از یمن دامت ارجمند
آشیانے، برق و تندر در برے
از کنام جرہ بازاں برترے

تسخیر و تازگی، برق تابی و شعلہ نوشی، بلند نگہی و سخت کوشی، روشن بینی و جہاں بانی اور حریت کیشی و بلند پروازی، یہی وہ صفات ثابتہ ہیں جن سے سچا اسلامی ادب ترتیب پاتا ہے اور جس کا لہو صاحب ساز اقبال کے تار و پود شعری میں رقصاں اور درخشاں نظر آتا ہے:

رشتہ بر شتہ نخ بہ نخ تار بہ تار پو بہ پو

زبور عجم کی روشن وجود غزلوں کے آخر میں اقبال نے "بندگی نامہ" کے بڑے عنوان کے تحت غلاموں کے فنون لطیفہ کے خدوخال نمایاں کیے ہیں۔ بس عبرت کا مضمون ہے۔ غلاموں کے فنون کیا ہیں موت کے منظر نامے ہیں۔ نیستی کے نوحے ہیں یہ نغمے یوں تو صوت و آہنگ رکھتے ہیں مگر زن بیوہ کے نالہ زاری کے مصداق ہیں۔ اقبال کے نزدیک نغمہ ایسا ہو جو دلوں کے اندر خیمہ زن دکھوں کے سارے کارواں نکال باہر کرے۔ اس کے خمیر میں ایسا جنون ہو، جو خون دل میں آگ کی طرح گھلا ملا دیا گیا ہو۔ (۲)

جس شاعر کے کلام میں برق، گرج، آگ، لہو، سیل سبک سیر، شعلگی اور روشنی کی متحرک علامتیں اور تمثالیں ہوں اس کے حرکی اور حریت آثار طرز احساس میں کیسے کلام ہو سکتا ہے؟ ایسا کلام جو عقل و دل دونوں کا شکار کرتا ہے۔

جو حرف پیچا پیچ بھی ہے اور حرف نیش دار بھی، جو فکر اور احساس دونوں کو بیک وقت متاثر کرتا ہے جو فکر کو روشن کرتا ہے اور وجود میں آگ اگاتا ہے۔ ذرا دیکھیے اقبال نے دو سمندروں کو دو حرفوں میں کیسے سمو دیا ہے:

من بہ طبع عصر خود گفتم دو حرف
کردہ ام بحرین را اندر دو ظرف
حرف پیچا پیچ و حرف نیش دار
تا کنم عقل و دل مردان شکار
تا مزاج عصر من دیگر افتاد
طبع من ہنگامہ دیگر نہاد (۳)

حق یہ ہے کہ بانگ درا کی کبھی اے نوجوان مسلم تدبر بھی کیا تو نے سے لے کر

جاوید نامہ کی سخنے بہ نژاد نو، تک اور ضرب کلیم کے محراب گل کے افکار سے لے کر ارمغان حجاز کے ملازادہ ضیغم لولابی کشمیری کے بیاض تک، اقبال نے ایک ہی صداقت کو بار بار مگر نو بہ نو پیرایے میں دہرایا ہے اور وہ صداقت ہے اسلام کا لافانی اور ابدی پیغام جو افراد اور قوم کو رنگ، مقام اور وقت کی جکڑ بندیوں سے آزاد کر کے انہیں مرد حر، مرد مصدقہ، مرد مرتضی اور مرد حق بناتا ہے:

از خودی اندیش و مرد کار شو
مرد حق شو، حامل اسرار شو (۴)
مرد حق از آسمان افتاد چو برق
ہیزم او شہر و دشت غرب و شرق
ما ہنوز اندر ظلام کائنات
او شریک اہتمام کائنات
او کلیم و او مسیح و او خلیل
او محمد -ص-، او کتاب، او جبرئیل (۵)
مرد حر زدردلا تخف
ما بمیدان سر بجیب او سر بکف
مرد حر از لا الہ روشن ضمیر
می نگردد بندہ سلطان و میر
مرد حر چون اشتران بارے برد
مرد حر بارے برد، خاری خورد
پای خود را آنچنان محکم نہد

نبض رہ از سوز او بر می جہد
جان او پایندہ تر گردد ز موت
بانگ تکبیرش برون از حرف و صوت
مرد حر دریائے ژرف و بی کران
آب گیر از بحر و نی از ناودان
سینہ ایں مرد می جوشد جو دیگ
پیش او کوہ گران یک تودہ ریگ (۶)

اقبال سچے شاعر میں بھی اسی مرد حر اور مرد مصدقہ کی خصوصیات دیکھنے کے متمنی ہیں۔ سچا شاعر بھی حریت، غیرت، بلند نگہی، بے باکی، ایثار، صداقت اور اعلی اقدار حیات کا علم بردار اور پرچم کشا ہوتا ہے۔

میر سے لے کر اقبال تک ہماری شاعری کا ایک قابل لحاظ حصہ اس صداقت شعاری اور اعلائے کلمہ الحق کی گواہی دیتا ہے۔ میر کو شاعر کے منصب کا کیسا تیز شعور تھا جس نے ان سے اس طرح کا مصرع کہلوایا:

شاعر ہو مت چپکے رہو، اب چپ میں جانیں جاتی ہیں

اور میر سے سوا سو سال کے فاصلے پر کھڑے اقبال نے شاعر کو یوں جھنجھوڑا:

شاعر! ترے سینے میں نفس ہے کہ نہیں ہے؟

ضرب کلیم کا یہ مصرع کے اسی اقبال کے اسی قبیل کے متعدد اشعار کی یاد دلاتا ہے جو ضرب کلیم میں "ادبیات و فنون لطیفہ" کے زیر عنوان شاعر نے یک جا کر دئے ہیں۔ یہ اشعار اقبال کے تصور شعر و فن کا روشن اور حیات اور حیات آفرین منشور کہے جا سکتے ہیں۔ پہلی ہی نظم "دین و ہنر" دامن دل کھینچتی ہے اور بتلاتی ہے کہ ادب ہو یا فنون جمیلہ یا

سیاست، ان سب کا مقصود خودی کا تحفظ ہے:

سرود و شعر و سیاست، کتاب و دین و ہنر
گہر ہیں ان کی گرہ میں تمام یک دانہ
ضمیر بندہ خاکی سے ہے نمود ان کی
بلند تر ہے ستاروں سے ان کا کاشانہ
اگر خودی کی حفاظت کریں تو عین حیات
نہ کر سکیں تو سراپا فسون و افسانہ
ہوئی ہے زیر فلک، امتوں کی رسوائی
خودی سے جب ادب و دین ہوئے ہیں بیگانہ (۷)
ہے شعر عجم گرچہ طربناک و دل آویز
اس شعر سے ہوتی نہیں شمشیر خودی تیز
افسردہ اگر اس کی نوا سے ہو گلستان
بہتر ہے کہ خاموش رہے مرغ سحر خیز (۸)

"شعر عجم" کے زیر عنوان لکھے گئے یہ اشعار عجمیت کے بارے میں اقبال کے نقطہ نظر کے مؤید ہیں۔ اقبال کے نزدیک عجمیت وہ منفی زاویہ حیات ہے جو زندگی کی حرارت اور تازگی کو سلب کر لیتا ہے اور نفی خودی کے میلانات کو جنم دیتا ہے۔ زندگی کے تلخ حقائق کو دوبدو دیکھنے کے بجائے ان سے چشم پوشی اور گریز کے رستے دکھاتا ہے۔ اقبال کے فرشتہ صید و یزدان شکار تصورات شعر و فن میں ان منفی میلانات کی سمائی ممکن نہیں۔ (۹) "یک چند بخود پیچ و نیستان ہمہ در گیر" کا نعرہ مستانہ لگانے والا شاعر اور "یا اپنا گریباں چاک، یا دامن یزداں چاک" کے امکانات کی بات کرنے والا بے باک مغنی آتش

نفس، حیات گریز، زمانہ ساز اور نفع عاجل کے آرزو مند ہمرہان کوتاہ چشم کیسے سمجھوتا کر سکتا ہے کیا یہ محض اتفاق ہے کہ اقبال کے تین شعری مجموعے زبور عجم، بال جبریئل اور ضرب کلیم وحی و الہام سے معنوی طور پر ہم رشتہ ہیں اور لحن داؤدی سے پیوستہ؟ ہرگز نہیں۔ خود اقبال کو اپنے کلام کی گراں مائیگی اور ابدیت و الوہیت سے ہم رشتگی کا قوی شعور تھا۔ ان کا مجموعہ کلام جاوید نامہ بھی دراصل ابدیت کی دستاویز ہے جس کا ذکر انہوں نے اپنے اس اردو شعر میں کیا ہے۔

وہ شعر کہ پیغام حیات ابدی ہے
یا نغمہ جبریئل ہے یا بانگ سرافیل

جس شاعر کی بلند پروازی اور افلاک رسی یہ عالم ہو کہ عالم قدس کے نوری ایک عرصے سے اس کی گھات میں لگے ہوں اور وہ ان کی گرفت سے باہر، یزدان شکاری کے لیے پر تول رہا ہو، ایسے شاعر کے بالیدہ متخیلہ کو آخر کیا نام دیا جائے۔ ذرا زبور عجم کے حصہ دوم کی ایک غزل کا یہ شعر دیکھیے:

بلند بال چنانم کہ بر سپہر بریں
زار بار مرا نوریان کمیں کردند

یہی بلند نگہی و بلند پروازی اور یہی عمودی و عروجی طرز فکر اسلامی ادب کا مایہ خمیر ہے جس کے اردو اور فارسی ادبیات کے سب سے بڑے علم بردار اور معیار بند اقبال ہیں۔ عالم خوندمیری نے ایک جگہ لکھا ہے کہ کمتر ذہانت کا شاعر اپنے ہی وقت کا بد قسمت قیدی بن کر ایک طرف تو ماضی کو حال سے مربوط نہ کر پاتا اور دوسری طرف معاصر حرکیت کے آیندہ کے رخ کا صحیح ادراک نہ کر پاتا۔ اس کام سے اقبال کی ایسی تیز ذہانت اور ارفع متخیلہ کا حامل شاعر اور مفکر ہی عہدہ برآ ہو سکتا تھا۔

جس زمانے میں اقبال رموز بے خودی لکھ رہے تھے اور اجتماعی خودی کے خدوخال متعین کر رہے تھے۔ اسی زمانے میں انہوں نے our prophets criticism of contemporary Arabian poetry"" کے زیر عنوان ایک بہت فکر افروز شذرہ قلم بند کیا جو جولائی ۱۹۱۷ء کے نیو ایرا (لکھنؤ)(۱۰) میں شایع ہوا۔ یہ شذرہ اقبال کے تصور ادب نہایت خوبی سے وضاحت کرتا ہے۔ شاعری کیسی ہونی چاہیے اور کیسی نہیں ہونی چاہیے، اس عقدے کی توضیح اقبال کے نزدیک حضور اکرم -ص- دو موقعوں پر فرمائی ہے۔ ایک موقعے پر امراء القیس کو "اشعر الشعرا" اور "قاعدہم الی النار" کہا اور دوسرے موقع پر عنترہ بن شداد عبسی کا ایک شعر سن کر خوشی کا اظہار اور ارشاد فرمایا کہ اگر وہ زندہ ہوتا تو میں اس سے ملنا پسند کرتا۔

اقبال نے ان دو ارشادات کی بڑی دلپذیر توضیح کی ہے۔ فرماتے ہیں:

"امراء القیس قوت ارادی کو جنبش میں لانے کے بجائے اپنے سامعین کے تخیل پر جادو کے ڈورے ڈالتا ہے اور ان میں بجائے ہوشیاری کے خودی کی کیفیت پیدا کر دیتا ہے۔ رسول اللہ نے اپنی حکیمانہ تنقید میں فنون لطیفہ کے اہم اصول کی توضیح فرمائی ہے کہ صنائع و بدائع کے محاسن اور انسانی زندگی کے محاسن، کچھ ضروری نہیں کہ یہ دونوں ایک ہی ہوں۔ یہ ممکن ہے کہ شاعر بہت اچھا شعر کہے لیکن وہ شعر پڑھنے والے کو اعلی علیین کی سیر کرانے کے بجائے اسفل السافلین کا تماشا دکھا دے۔ شاعری دراصل ساحری ہے اور اس شاعر پر حیف ہے جو قومی زندگی کی مشکلات و امتحانات میں دلفریبی کی شان پیدا کرنے کے بجائے فرسودگی و انحطاط کو صحت اور قوت کی تصویر بنا کر دکھا دے اور اس طور پر اپنی قوم کو ہلاکت کی طرف لے جائے۔ اس کا تو فرض ہے کہ قدرت کی لازوال دولتوں میں سے زندگی اور قوت کا جو حصہ اسے دکھایا گیا ہے اس میں اوروں کو بھی

شریک کرے نہ یہ کہ اٹھائی گیر ابن کر، جو رہی سہی پونجی ان کے پاس ہے، اس کو بھی ہتھیا لے"۔(۱۰)

دوسرے موقع پر عنترہ کا ذیل کا شعر سنا تو خوشی کا اظہار فرمایا:

ولقد ابیت علی الطوی واظلہ

حتی انال بہ کریم الماکل

اس شعر پر حضور اکرم۔ص۔ کے اظہار مسرت اور مذکورہ ارشاد کے ضمن میں اقبال کا تبصرہ ان کے اپنے لفظوں میں بیان کرنا شاید زیادہ تاثیر آفرین ہوگا۔ اقبال لکھتے ہیں:

"What is the secret of this unusual honour which the prophet wished to give to the poet? It is because the verse is so healthful and vitalizing, it is because the poet idealises the pain of honourable labour_The prophet s appreciation of this verse indicates to us another art-principle of great value------- that art is subordinate to life not superior to it... the highest art is that which awakens our dormant will force and nerves us to face the trial of life manfully_All that brings drowsiness and makes us shut our eyes to reality around----- on the mastery of which alone life depends---------- is a message of decay and death_There should be no opium-eating in Art(۱۱)_

آپ نے ملاحظہ فرمایا کہ اس اقتباس میں شعر و ادب کے بارے میں اقبال کے خیالات میں کس قدر جوش و ولولہ اور دلسوزی پائی جاتی ہے۔ اقبال اعلیٰ ترین آرٹ کو زندگی افروز قرار دیتے تھے اور زوال اور موت کے پیغام رسان آرٹ کو زندگی کے لیے سم گردانتے تھے۔ یہ خیال اقبال نے نوبنو پیرایوں میں بار بار دہرایا۔ کہیں یہ کہہ کر کہ:

شاعر کی نوا ہو کہ مغنی کا نفس ہو
جس سے چمن افسردہ ہو وہ باد سحر کیا

اور کہیں:

شاعر کی نوا مردہ و افسردہ و بے ذوق
افکار میں سرمست، نہ خوابیدہ نہ بیدار

کہہ کر۔ غور فرمایئے تو اپنے اولین اردو شاعری مجموعے اور اپنے اولین فارسی شعری مجموعے سے لے کر اپنی آخری شعری دستاویز ارمغان حجاز تک وہ ایک ہی تصور شعر کو نئے سے نئے اور تازہ بہ تازہ شعر پیکر و پیرہن میں تسلسل سے بیان کرتے رہے۔ اسرار خودی کا ذکر اس ضمن میں پہلے آ چکا بانگ درا میں شاعر کے زیر عنوان بھی اقبال نے ایک عمدہ نظم کہی جس کے چند شعروں کا پیش کرنا بے محل نہ ہو گا:

شاعر دل نواز بھی بات اگر کہے کھری
ہوتی ہے اس کے فیض سے مزرع زندگی ہری
شان خلیل ہوتی ہے اس کے کلام سے عیاں
کرتی ہے اس کی قوم جب اپنا شعار آزری
اہل زمین کو نسخہ زندگی دوام ہے
خون جگر سے تربیت پاتی ہے جو سخنوری

گلشن دہر میں اگر جوئے مئے سخن نہ ہو
پھول نہ ہو، کلی نہ ہو، سبزہ نہ ہو، چمن نہ ہو (۱۲)

نثر میں بھی انہوں نے اپنے خطوط سے لے کر اپنے بعض شذروں، دیباچوں اور تقریروں میں ادب کے حیات آفریں عنصر کو تسلسل سے نمایاں کیا۔ ۱۹۱۷ء کے جس ادبی تبصرے کا ابھی ذکر ہوا، اسی کے بعض مشمولات کو اقبال نے اور کئی موقعوں پر دہرایا۔ دہرانے کے اس عمل کی کوئی نفسیاتی توجیہہ ہو سکتس ہے تو یہی کہ ادب کے اس صحت مند تصور نے اقبال کے تخلیقی وجود کا بڑی قوت اور ہمہ گیری کے ساتہ احاطہ کر کہا تھا۔ گیارہ برس بعد ۱۹۸۱ء میں انتیس سالہ عبد الرحمن چغتائی کے شاہ کار مرقع چغتائی پر اقبال نے جو دیباچہ لکھا اس میں بھی ادب کے ایقاظی تصور کو نمایاں کیا۔ اقبال نے اس دیباچہ میں بھی ادب کے زندگی اور شخصیت کے ماتحت ہونے کا تصور انہوں نے ۱۹۱۴ء میں اسرار خودی میں پیش کیا اور بارہ برس بعد زبور عجم کی آخری نظم میں۔ اقبال کا اشارہ دراصل بندگی نامہ کی آخری نظم: در فن تعمیر مردان آزاد" کی جانب ہے جس کا ایک شعر یہ ہے:

دلبری بی قاہری جادوگری است
دلبری با قاہری پیغمبری است (۱۳)

دلچسپ بات یہ ہے کہ " دلبری با قاہری" کی یہی ترکیب اقبال جاوید نامہ میں حلاج کی زبانی بھی ادا کی ہے۔ ترکیب سے زیادہ یہ اقبال کے نظام فن میں ایک مرکزی تصور کی حیثیت رکھتی ہے۔ اسے اگر کسی متبادل ترکیب سے ظاہر کیا جا سکتا ہے تو وہ جمال و جلال ہے یوں جلال و جمال کو بھی اقبال کے شعری سرمایے میں مرکزی زاویہ نگاہ کی حیثیت حاصل ہے۔ اقبال نے دلی کی مسجد قوۃ الاسلام کو اسی زاویہ نگاہ سے دیکھا تھا اور اس کی

عظمت، جلالت اور اس کی زیارت سے اپنی ذات پر مرتب ہونے والی کیفیات کا نہایت موثر نقشہ کھینچا تھا۔

۱۹۲۹ء کے لکھے گئے مرقع چغتائی کے دیباچے کے پانچ برس بعد ۱۹۳۳ء میں اقبال شاہ نادر کی دعوت پر افغانستان گئے۔ وہاں انہوں نے انجمن ادبی کابل کے سپاس نامے کے جواب میں بھی کم و بیش انہی خیالات کا اظہار کیا جو وہ پچھلے بیس برس سے متصل فرما رہے تھے۔ انہوں نے مزید فرمایا:

"اس وقت جب کہ حکومت یہ کوشش کر رہی ہے کہ موجودہ زمانے میں افغانستان کی تاریخ ایک نئی زندگی میں داخل ہو تو اس ملک کے شعراء پر لازم ہے کہ وہ نوجوان قوم کے سچے رہنما بنیں۔ زندگی کی عظمت اور بزرگی کے بجائے موت کو زیادہ بڑھا چڑھا کر دکھاتا ہے، اس وقت وہ سخت خوفناک اور برباد کن ہو جاتا ہے اور جو حسن قوت سے خالی ہو وہ محض پیام موت ہے:

دلبری بی قاہری جادوگری است
دلبری با قاہری پیغمبری است (۱۴)

اس کے بعد اقبال نے امراء القیس کے باب میں حضور اکرم-ص- کے ارشاد کو یہاں پھر دہرایا۔ بعد ازاں اپنے وہ جملے دہرائے جو انہوں نے اپنی ڈائری شذرات فکر اقبال Stray Reflections میں ۱۹۱۰ء میں لکھے تھے اور جو آج اقبال کے حوالے سے ضرب المثل کی حیثیت اختیار کر چکے ہیں (۱۵):

"قومیں شعرا کی دست گیری سے پیدا ہوتی ہیں اور اہل سیاست کی پامردی سے نشو و نما پا کر مر جاتی ہیں۔ پس میری خواہش یہ ہے کہ افغانستان کے شعراء اور انشاء پرداز اپنے ہم عصروں میں ایسی روح پھونکیں جس سے وہ اپنے آپ کو پہچان سکیں۔" (۱۶)

۱۹۱۰ء میں لکھے گئے اصل الفاظ یہ تھے:

Nations are born in the hearts of poets; they prosper and die in the hands of politicians۔"(۱۷)

۱۹۳۰ء کے تصور پاکستان سے تخلیق پاکستان تک اور پھر ۱۶ دسمبر ۱۹۷۱ء کی سقوط مشرقی پاکستان کی داستان پر نظر دوڑایئے اور اقبال کے اس جملے کی داد دیجیے جو انہوں نے ۱۹۱۰ء میں اس وقت لکھا تھا جب ان کی عمر محض ۳۳سال برس تھی۔ واقعی کتنا درست ارشاد ہے کہ مومن کی فراست سے ڈر کیونکہ وہ اللہ کے نور سے دیکھتا ہے۔ الحق کہ اقبال بھی ایک ایسا ہی نورانی وجود تھے۔

یہاں یہ سوال اٹھتا ہے کہ اقبال جب ادب میں فکر صالح پر اصرار فرماتے ہیں تو "رجعتے سوئے عرب می بایدت" کی تلقین کیوں کرتے ہیں۔ اس کا نہایت مفصل اور فکر افروز جواب سید عبد اللہ نے اپنے ایک مضمون میں دیا تھا مگر اس مضمون کا اجمال خود اقبال کی اس ڈائری میں موجود ہے جس کا ذکر ابھی ہوا ہے۔ اقبال نے غالباً حماسہ سے ایک حماسہ نقل کرتے ہوئے "Arab poetry" کے زیر عنوان جو کچھ لکھا اسے من وعن شاعری کے بارے میں ان کے زاویہ نگاہ کی وضاحت ہو سکے۔ دیکھیے یہ اقتباس کتنا دلچسپ اور اقبال کی نظر کی کیسی اچھی نمائندگی کرتا ہے:

"There is my uncle's son walking along the edge of a precipice۔Shall I go and, from behind, push him down the rocky valley to die without a down? Considering his treatment, I am perfectly justified in doing so; but it is mean and unmanly to do such a thing"

" So says the Arab poet in the hamasa (?) This passage may be taken as a typical specimen of Arab poetry۔ No poetry is so direct, so straightforward and so reality; brilliancy of colour dose not attracts him۔ The poet Mutanabbi, however, may be regarded as an exception; but he is an Arab in language only; in sprite he is thoroughly Persian." (۱۸)

اقبال عربی شاعری میں جس صداقت، مردانگی اور حقیقت کے ساتھ شدت سے وابستہ ہونے کی تعریف کرتے ہیں، خود ان کی اپنی شاعری ان خصوصیات سے متصف ہے۔ عربی شاعری میں صداقت کی جو تڑپ اور جو حوصلہ نظر آتا ہے وہی اقبال کا منشور ٹھہرتا ہے:

ہو صداقت کے لیے جس دل میں مرنے کی تڑپ
پہلے اپنے پیکر خاکی میں جاں پیدا کرے

عربی شعری جان کے اسی جوہر کی عظیم سرمایہ دار رہی ہے۔

اقبال جہاں ایک طرف مسلم اقوام کو شاعری کے جوہر اصلی سے آگاہ کر کے ان میں حرارت اور عمل کی قوت پیدا کرتے ہیں ملت اسلامیہ کے افراد کو بھی ترغیب دیتے ہیں کہ وہ اپنی خودی کی تعمیر کریں اور ان اسلامی علوم و السنہ سے اپنے آپ کو لیس کریں جن سے زندگی صحیح معنی میں بامراد اور معنی خیز بنتی ہے۔ ۱۹۳۷ء کے ایک خط میں استشراق کے عیارانہ طریق کار کا ذکر کرتے ہوئے محمد افضل الرحمن انصاری کے نام لکھتے ہیں:

"مصر جایئے۔ عربی زبان میں مہارت پیدا کیجیے۔ اسلامی علوم، اسلام کی دینی اور

سیاسی تاریخ، تصوف، فقہ، تفسیر کا بغور مطالعہ کر کے محمد عربی -ص- کی اصل روح تک پہنچنے کی کوشش کیجیے۔"(۱۹)

اقبال نے اپنی شہرہ آفاق نظم "ذوق و شوق" میں اپنے بارے میں دوٹوک انداز میں کہا تھا:

میں کہ مری غزل ہے آتش رفتہ کا سراغ
میری تمام سرگذشت کھوئے ہوؤں کی جستجو

اقبال نے اس آتش رفتہ کو جو صدیوں کی گرد میں گم ہو گئی تھی دوبارہ شعلہ جوالہ بنانے کی کوشش کی اور اس کوشش میں اپنے بے مثال شعری سرمایے سے چقماق کا کام لیا۔ میرے نزدیک وہ اسلامی ادب کی سب سے توانا آواز تھے--------روح کی گہرائیوں اور وجود کی تہوں میں نفوذ کر جانے اور شعور کا ابدی حصہ بن جانے والی آواز۔ اسلام اور اسلامی ادب ان کے نزدیک لازوال صداقتیں تھے اور وہ اپنوں اور پرایوں کو ان صداقتیں کی قدر و قیمت سے دلائل و براہین کے ساتھ آگاہ کرتے رہے۔ ۱۹۳۱ء میں نکلسن کے نام اپنے خط میں اپنی مشہور مثنوی اسرار خودی کے محرکات پر بحث کرتے ہیں:

"انسانیت کا نصب العین شعر اور فلسفہ میں ہمیشہ ہوتا ہے لیکن اگر اسے مؤثر نصب العین بنانا اور عملی زندگی میں بروئے کار لانا چاہیں تو آپ شاعروں اور فلسفیں کو اپنا مخاطب اولین نہیں ٹھہرائیں گے اور ایک ایسی مخصوص سوسائٹی تک اپنا دائرہ مخاطب محدود کر دیں گے جو ایک مستقل عقیدہ اور معین راہ عمل رکھتی ہو لیکن اپنے عملی نمونے اور ترغیب و تبلیغ سے ہمیشہ اپنا دائرہ وسیع کرتی جلی جائے۔ میرے نزدیک اس قسم کی سوسائٹی اسلام ہے۔"

"اسلام ہمیشہ رنگ و نسل کے عقیدے کا وانسانیت کے نصب العین کی راہ میں سب

سے بڑا سنگ گراں رہا ہے، رینان کا یہ خیال غلط ہے کہ سائنس اسلام کا سب سے بڑا دشمن ہے۔(۲۰) دراصل اسلام بلکہ کائنات انسانیت کا سب سے بڑا دشمن رنگ و نسل کا عقیدہ ہے اور جو لوگ نوع انسانی سے محبت رکھتے ہیں، ان کا فرض ہے کہ ابلیس کی اس خوفناک اختراع کے خلاف علم جہاد بلند کریں۔(۲۱)

اقبال نے تمام عمر ابلیس کی اس خوف ناک ایجاد یعنی رنگ و نسل اور وطن پرستی و زمین پیوستگی کے بتوں کے خلاف جہاد کیا اور اصنام شکنی کا ابراہیمی فریضہ انجام دیتے رہے۔ کبھی کبھی ملت اسلامیہ کے افتراق اور تقدیر پرستی اور بر عظیم کی منتشر صورت حال سے دل شکستہ ہو کر اپنے نغمہ داؤدی اور اپنی حدی خوانی کے بے کار چلے جانے کے اندیشے میں بھی مبتلا رہے لیکن اسلام و ایمان کی بے پناہ قوت سے حوصلہ اور ولولہ تازہ پا کر مسلسل روشنی اور گرمی کا اہتمام کرتے رہے کہ: یہی رہا ہے ازل سے قلندروں کا طریق اپنے خطبے "ملت بیضا پر ایک عمرانی نظر" میں انہوں نے کس قدر درست لکھا ہے کہ اسلام کی حقیقت اہل اسلام کے نزدیک یہی نہیں کہ وہ ایک مذہب ہے بلکہ تصور، وہ ابدی گھر یا وطن ہے جس میں اپنی زندگی بسر کرتے ہیں۔ گویا اقبال کی نگاہ میں مذہب صرف معتقدات کا نہیں ایک ہمہ گیر طرز زیست کا نام تھا۔ اسی خیال کو انہوں نے اپنے ایک لافانی مصرعے میں یوں بیان کیا ہے: اسلام ترا دیس ہے تو مصطفی ہے۔ کم نظروں کی نگاہ میں دین و مذہب ایک زائد شے، ایک فرسودہ لباس ہو تو ہو، اقبال کی نظر میں یقین و ایمان کی حیثیت گاڑی کے اس پانچویں پہیے کی نہ تھی جس کی ضرورت محض کبھی کبھی پڑتی ہے۔ ان کے خیال میں ایمان و ایقان حیلت انسلنی کا جوہر اور مرکز تھا۔ یہی وہ عامل ہے جس سے بامراد زندگی کا کاروان متحرک رہتا ہے اور بشر، مرد مرتضی بنتا ہے۔ گویا ایمان ان کی نظر میں نوع انسانی کی ایک روحانی اور نامیاتی ضرورت تھی۔ اسی کی قوت

سے وہ درویشی ظہور میں آتی ہے جس کے حضور فغفوری و دارائی اپنا سر تسلیم خم کرتی ہے۔

دل کی تہوں سے نکلا اور خون جگر سے پلا اقبال کا کلام، ادب اسلامی کا ایک لازوال نمونہ ہے۔ اسی کی کوکھ سے اسلامی ادب کے تصورات و مباحث نے جنم لیا جو تخلیق پاکستان کے کچھ عرصہ بعد ہی اردو کے ادبی افق پر ظاہر ہوئے اور جن کی حرارت اور توجہ آج بھی ادب صالح کے علمبردار اپنے دل و دماغ کے اندر زندہ و جاودان پاتے ہیں۔ آگہی، بصیرت، لازمانیت، ایمان اور عشق کے عناصر سے ترتیب پانے والا اقبال کا نغمہ نو بہار دلوں کو گرمی اور دماغوں کو نور عطا کرتا ہے۔ دانش خالدہ کا حامل یہ شعری سرمایہ کشف حجابات اور درک حقائق کا ایک لافانی معدن ہے جو ایمان اور عشق کے خزانوں سے معمور ہے:

به چشم عشق نگر تا سراغ او گیری
جہان بہ چشم خرد سیمیا و نیرنگ است

حواشی

۱۔ اس ہوش ربا مہم کی تفصیل کے لیے محض دو کتابیں ہی دیکھ لینا کافی ہو گا۔ ایڈورڈ سعید "covering Islam" کا نیا ایڈیشن (۱۹۹۶ء) اور اکبر ایس احمد کی کتاب "post-modernism and Islam"۔ گو کہ اکبر ایس احمد کو ایڈورڈ سعید کی بعض تعبیرات سے اتفاق نہیں مگر بحیثیت مجموعی دونوں کی فراہم کردہ تفصیلات بڑی چشم کشا ہیں۔

۲۔ تفصیل کے لیے ملاحظہ کیجیے کلیات اقبال (فارسی) کے ۵۷۵، ۵۸۷

۳۔ کلیات اقبال (فارسی)، ص ۷۹۰۔

۴۔ کلیات اقبال (فارسی)، ص ۵۳ (اسرار خودی)

۵۔ کلیات اقبال (فارسی)، ص ۷۹۵ (جاوید نامہ)

۶۔ کلیات اقبال (فارسی)، ص ۸۲۳ (پس چہ باید کرد)

۷۔ کلیات اقبال (فارسی)، ص ۱۰۰ (ضرب کلیم)

۸۔ کلیات اقبال (فارسی)، ص ۱۲۸ (ضرب کلیم)

۹۔ انہی منفی میلانات کا مظہر وہ عجمی تصوف بھی تھا جس کی اقبال نے شدت سے مخالفت کی کیونکہ اس کے زیر اثر پیدا ہونے والا ادب بھی منفی خصوصیات رکھتا ہے۔ اکبر الہ آبادی کے نام ۱۱ جون ۱۹۱۸ء کے ایک خط میں لکھتے ہیں: "عجمی تصوف سے لٹریچر میں

دل فریبی اور حسن پیدا ہوتا ہے مگر ایسا کہ طبائع کو پست کر دینے والا ہے اور اس قوت کا اثر لٹریچر تمام ممالک اسلامیہ میں قابل اصلاح ہے۔ Pessimistic literature کبھی زندہ نہیں رہ سکتا۔"

اقبال نامہ جلد دوم ص ۵۵-۵۶

۱۰۔ یہی شذرہ بعد از آں اردو ترجمہ ہو کر ستارہ صبح (۱۹۱۷ء) میں شایع ہوا۔ اردو ترجمے کے اسلوب سے گمان ہوتا ہے کہ اسے مولانا ظفر علی خان نے ترجمہ کیا ہو گا۔

۱۱۔ مقالات اقبال (بار سوم)۱۹۸۸ء، ص ۲۳۰۔

۱۲"Razzaqi-Discourses of Iqbal"(Shahid H) بار اول ۱۹۷۹ء، ص ۱۵۸، ۱۵۹،

۱۳۔ کلیات اقبال، ص ۲۱۱۔

۱۴۔ کلیات اقبال (فارسی)، ص ۵۸۷۔

۱۵۔ "اقبال کی ایک تقریر کابل میں" مشمولہ مقالات اقبال (بار دوم) ص ۲۵۹۔

۱۶۔ "اقبال کی ایک تقریر کابل میں" مشمولہ مقالات اقبال (بار دوم) ص ۲۶۰۔

۱۷۔ "Stray Reflections" (بار اول) ص ۱۲۵۔

۱۸۔ "Stray Reflections" (بار اول) ص ۸۱-۸۲

۱۹۔ اقبال نامہ جلد اول، ص ۳۹۹۔

۲۰۔ یہی بات ذرا تفضیل تفضیل سے اقبال نے اپنے اس معرکہ آرا خطبے میں بھی کہی جو "The Muslim community" کے نام سے معروف ہے۔ ملاحظہ ہو اس

کا اردو ترجمہ: ملت بیضا پر ایک عمرانی نظر" مشمولہ " قومی زندگی اور علت بیضا پر ایک عمرانی نظر "ص ۷۳-۷۴۔

۲۱۔ اقبال نامہ جلد اول ص ۴۶۷-۴۶۸- یہ اقتباس کم و بیش اقبال نامہ ہی سے ہے مگر میں نے اصل انگریزی متن کو سامنے رکھ کر اس میں کچھ تصرفات کیے ہیں جس کے نتیجے میں اب یہ صحت متن سے زیادہ قریب ہو گیا ہے۔

* * *